우리의
모든 순간을
사랑해

몽글/잼글 지음

도서출판
디자인21

우리의
모든 순간을
사랑해

〈몽글〉 머리말

가벼운 감정에서, 그 감정이 깊어짐까지
그 모든 순간을 담고 있습니다.
서로에 대해 몰라서 많이 다투었지만,
지나고보면 결코 그 마음이 '사랑'이 아닌적은 없었습니다.
서로 다름을 이해하기까지 그리고,
서로의 시간을 함께 걸어가기까지
그 수많은 순간들을 그려보았습니다.
나의 작은 습관들을 상대가 닮아가고,
상대의 말투와 행동들을 내가 닮아가고,
의미없는 순간은 없었습니다.
그렇기에 우리의 모든 순간을 사랑합니다.

[우리의 모든 순간을 사랑해] 라는 작품이 오랜 시간 수정하고 또 수정하며 공들여온만큼, 마음 속 깊은 여운을 남길 수 있기를 바랍니다:)

<잼글> 머리말

제가 느끼고 경험했던 감정들을, 글로써 풀어내는 것은 참 쉽지 않더군요.
몇번을 지웠다가, 다시 적었는지 모르겠습니다.

처음 겪어보는 창작의 고통은, 물론 제 능력이 부족한 탓도 있었겠지만,
꽤나 저를 괴롭혔던 것 같습니다.

그런데 아이러니하게도, 반복되는 시도가 만들어낸 이 고통 속에서,
명확하게 정의되지 않고 있던, 제가 막연하게만 품고있던 감정과 생각이,
조금씩 선명하게 인식되더군요.

그렇게 저는, "안녕!"이라는 단어에,
조금 더 설레임을 담을 수 있게 되었고, "사랑해!"라는 단어에,
조금 더 진심을 담을 수 있게 되었습니다.

이 책을 읽는 독자님도, 독자님만의 "사랑"을 하고 계실텐데,
혹시 아직은 조금 어색하거나 모호하시진 않나요?
그 "사랑"을 정의하기 위한 여정, 저희와 함께 찾아가보시는건 어떨까요? :)

누구보다도 너를 알게 되었고,

시간들은 헛되지 않았어.

그때의 너도 사랑했지만,

지금 내가 알고 있는 너를,

훨씬 더 깊이있게 사랑해.

<우리의 모든 순간을 사랑해> 중

오늘 처음보는 네게,

나의 이야기를 하고 있고,

그게 또 이상하지 않아서,

내 스스로가 낯설게 느껴졌어.

네게 이야기하는 그 모든 말들을,

넌 진심으로 마음에 담아주고,

괜찮다며 날 안아주는 것 같아서,

더 이상 긴 말이 필요하지 않았어.

오늘 처음보는 네가,

재잘재잘 너의 이야기를 내게 전하는데,

그게 또 너무 자연스럽고 익숙해서,

내 스스로가 낯설게 느껴졌어.

네가 이야기하는 그 모든 말들을,

내가 귀 기울여 들어주자,

네가 마음의 위안을 얻는 것 같아서,

나도 누군가에게 따뜻한 사람이 될 수 있다는 것을 알았어.

너와 마주 앉았던 그 날,
사실 네가 그날따라 다르게 보였어.

네게 내 마음을 솔직하게 이야기하기에는,
용기가 나지 않아서 말없이 바라만 봤어.

오늘따라 더 멋있어보이는 네가,
괜스레 낯설게 느껴져서 빙빙 둘러댔지만,
오늘따라 네가 다르게 보였어.

너가 단아하게 차려입고 왔던 그 날,

사실 네가 그날따라 다르게 보였어.

내 마음을 너에게 가감없이 전달하기에는,

이상한 쑥쓰러움에 힐끔힐끔 쳐다보기만 했어.

오늘따라 더 예뻐보이는 네가,

괜스레 낯설게 느껴져서 괜히 툴툴댔지만,

오늘따라 네가 다르게 보였어.

생각해보면 널 많이 좋아했어.

너의 배려심도 좋았고,

너의 따뜻함이 좋았고,

너의 많은 점들을 좋아하고 있어.

처음부터 너에 대한,

내 마음은 이미 정해졌었고,

너의 마음을 기다리고 있었어.

생각해보면 첫눈에 반했던 것 같아.

너의 상냥함도 좋았고,

너의 활발함도 좋았고,

너의 많은 점들이 내 취향이었어.

처음부터 너에 대한 내 마음은

이미 정해졌었기에,

이젠 네 대답만을 기다리고 있어.

"오늘 하루 어땠어?"

나의 하루를 다정하게
물어오는 네가 좋아.

어쩌면 사소한 질문일 수 있고,
그저 평범한 인사일지는 모르겠지만,
나의 하루가 어땠는지 궁금해하는
너의 마음에서도 사랑이 느껴져.

분명 별일 없는 평범한 하루였는데,
네가 있어, 어제와는 다른 오늘이 되었어.

"오늘 하루는 어땠어요?"

나의 하루를 애교섞인 달콤한 목소리로
물어오는 네가 좋아.

어쩌면 하나의 습관으로 자리잡은 것일 수도 있고,
누구에게는 평범한 인사처럼 보일지도 모르겠지만,
나의 하루가 어땠는지 궁금해하는
너의 마음에서도 사랑이 느껴져.

분명 무미건조하게 지나가는 평범한 하루였는데,
네가 있어, 어제와는 다른 오늘이 되었어.

하나하나 세심하게

날 챙겨주는 너

아무말없이 따뜻하게

날 배려해주는 너

틈없이 걱정하지않게

날 생각해주는 너

네가 가진 특유의 다정함이 좋아.

항상 한발 앞서서

날 챙겨주는 너

조용히 무릎을 내어주며

날 배려해주는 너

혹시나 불편해하지는 않을까

날 생각해주는 너

네가 가진 특유의 자상함이 좋아.

네 눈을 잠시 피했던 건,
네가 싫어서가 아니야.

나를 바라보던 네 눈이 좋았지만,
또 그게 부끄러워서.

지금 숨기고 있는 그 마음을
네가 알게 된다면,
우리 사이가 어색해질 것 같아서.

네 손길에 흠칫 놀랐던건,

네가 싫어서가 아니야.

토닥여주는 네 손길이 좋았지만,

한편으로는 그게 부끄러워서.

최소한 유지하려고 했던 거리감을,

네게 보듬어지게 된다면,

그 벽이 와르르 무너져버릴 것 같아서.

너의 선물을 받고,

내가 좋아했던 이유는,

날 생각하며,

선물을 골랐을 시간과,

너의 마음들이 감동이었어.

이미 내게 네 마음이

더욱 의미있는 선물이야

너의 선물을 받고,

내가 벙쪘던 이유는,

나도 생각하지 못했던,

내게 정말로 필요한 것을 골라준,

네 정성이 감동이었어.

얼마나 날 더 놀래키려는걸까.

이보다 의미있는 선물이 있을까

너에 대한 건,

아주 작은것조차도 알고싶어.

아주 작고 소소하다고 하더라도,

내게는 의미있으니까,

하나씩 하나씩 알려줘.

이 다음에는 너에 대해 모르는게 없도록

너에 대한 건,

알고 알아도 모자라.

내가 모르는 또 하나를 발견할 때마다,

또 한 줌의 신선함에,

오늘도 내 입가에 미소가 꽃핀다.

이 다음에는 어떤 새로움을 보여주려나.

널 바라보는 내 시선은,

다른 사람들을 볼 때와는 다르겠지.

널 바라보면 내 입가에는 미소가 지어지고,

네가 내 옆에 있는 것만으로도 행복해지고,

나조차도 어색한 행동들이 당황스러워지고,

네가 주는 모든 감정들이 새롭게 느껴지곤 해.

널 바라보는 내 눈빛과

널 부르는 내 목소리가

널 향한 나의 마음들을

이미 말해주고 있을 거야.

널 바라볼 때 내 눈빛은,

다른 사람들을 볼 때와 다를거야.

날 보며 환하게 웃는 널 보면 나도 즐거워지고,

내 옆에 꼭 붙어있는 널 보면 나도 편안해지고,

달콤한 단어들을 입에 올리는게 자연스러워지고,

네가 나로 하여금 새로운 감정들을 느끼게 만들곤 해.

널 바라보는 내 눈빛과

널 부르는 내 목소리가

널 향한 나의 마음들을

이미 말해주고 있을꺼야.

네가 할 수 있는 일이겠지만,

그래도 굳이 나서서 도와 주고 싶어지고,

네가 삶에 있어 힘들어할 때,

잘 해결될 수 있도록 힘이 되어주고 싶어.

네가 무언가를 할 때면,

챙겨주고 싶은 마음에,

내 시선은 온통 너를 따라가

좋아하니깐 그래.

네가 알아서 잘 할거라고 굳게 믿지만,
그래도 나서서 한 손 거들어주고 싶고,

네가 삶의 기로에서 고민하고 있을 때,
더 좋은 결정을 할 수 있게 조언해 주고파.

네가 무언가를 할 때면,
더 좋은 결과를 만들어주고 싶은 마음에,
내 시선은 온통 너를 따라가.

좋아하니깐 그래.

우리가 함께 있는 지금도,
계속 함께였으면 좋겠고,

널 바라보고 있는 지금도,
계속 네가 보고 싶어져.

친구들이 말할 때는,
조금도 이해가 안됐는데,
널 만나고서 이제 좀 알 것 같아.

만날수록 사랑을 주고 싶고,
계속해서 보고 싶은 사람.

날카롭게 대립하기보다는,

누가 먼저랄 것 없이 양보하고,

행위에 대한 보상을 요구하기보다,

대가없는 사랑을 보여주는.

이성친구와 연인의 차이.

내가 속으로만 세워두던 가설이,

널 만나고서 증명을 받은 것 같아.

만날수록 사랑을 주고 싶고,

계속해서 보고 싶은 사람.

너와 함께 시간을 보내고,

하루 종일 웃다보니깐,

어느새 저 멀리 하늘에 별이 보여.

널 기다리는 시간은 느리게만 가던데,

너와 함께 있으면 왜이리 빠른건지,

내 마음에는 아쉬움만 남아.

'너와 함께하는 오늘 만큼은 천천히'

가벼운 발걸음으로 통통 달려오는 너를 데리고,
하루 종일 이야기를 나누며 재미있게 즐기다 보니,
어느새 어둑한 하늘에 달이 보여.

널 기다리는 시간은 느리게만 가던데,
너와 함께 있으면 왜 이리 빠른건지,
내 마음에는 안타까움만 남아.

'너와 함께하는 오늘 만큼은 천천히'

너의 연락이 온 순간
내 목소리를 다듬어보고,
귓가로 들려오는 너의 목소리가
한참을 내 마음에 맴돌곤 해.

너와 만나기로 한 날은,
어느날보다도 기다려지고,
만나기전부터 하고 싶은 말을
한참을 정리해보곤 해.

두근거리는 감정, 네가 주는 설렘.

그건 오직 단 한명,
너만이 내게 줄 수 있는
소중한 감정이야.

너에게 전화를 걸며,

침대에 내 몸을 던지면,

이윽고 들려오는 너의 따듯한 목소리가,

눈이 사르륵 감길 정도의 편안함을 가져다줘.

너와 만나기로 한 날은,

콧노래가 흥얼흥얼 새어나오고,

만나기 전부터 어떤 행복일지

한참을 기대하곤 해.

설레인다는 감정, 네가 주는 아늑함.

그건 오직 단 한명,

너만이 내게 줄 수 있는

소중한 감정이야.

'추운데 얇게 입고 왔어'

넌 걱정스러운 목소리로
내게 물었었지.

내겐 따뜻한 네 품이 있고,
추우면 언제든 네가 안아주잖아.

그런 네가 내 옆에 있으니깐,
더 이상 춥지 않아.

'배고프지는 않아?'

늦었다며 잰걸음으로 뛰어온 네가
내게 물었었지.

내 허기짐은 공허함에서 오는데,
네가 사랑으로 가득 채워주잖아.

그런 네가 내 옆에 있으니깐,
마음이 가득차 배고플 새가 없어.

널 사랑하는 이유에 대해서 물었었지.

내 대답에 넌 서운한 듯 보였지만,

너에게는 늘 진심이었어.

널 사랑할 수 밖에 없는 이유들이 많아서,

그래서 "그냥 너라서"라고 말했던거야.

날 사랑하는 이유에 대해서 물었었지.

내 질문에 넌 서운한 듯 보였지만,

뻔한 대답일지라도 네 답변을 들어야겠어.

나를 누구보다 사랑해준다는거 알지만,

그래서 그 달콤한 이유들을 듣고 싶었던거야.

'처음'을 함께할 기회는,
누구에게나 오지 않아서
설렘을 남기는 것 같아.

너와 함께하는 모든 순간이
나에게는 처음이였고,
여전히 그 마음은 설렘으로 남아있어.

내 처음의 모든 행복을,
소중한 기억으로 만들어줘서,
그 모든 기억의 시작이 너라서 다행이야.

'처음'을 함께하지 않았기에,

내 미숙함이 너를 다치게 하지 않았고,

그랬기에 나는 하늘에 감사해.

너와 함께하는 순간들이,

내게 처음이었다면,

아마 너는 내 곁에 없을테지.

내가 성숙해지고 난 후,

너를 더 행복하게 해줄 수 있는 사람이 되어,

너의 모든 시작을 함께할 수 있어 다행이야.

우리의 연애에서, 네게 바라는 점이 있어.

내가 너를 위해서,

네가 나를 위해서.

우리의 의견이 다르다고 해도

한걸음 뒤에서 양보해 주고,

상대의 입장을 먼저 생각하며

한걸음 앞에서 배려하고,

그렇게 서로를 위한 마음을 내어주길.

내가 먼저,

우리를 위해 노력할게.

우리의 연애에서, 네게 바라는 점이 있어.

내가 너와 함께,

너가 나와 함께.

우리의 생각이 다르다고 해도

서로의 이야기를 귀 기울여 듣고,

함께 합의점을 찾아가며

함께 더 행복한 미래를 설계하는,

그렇게 서로를 위한 마음을 내어주길.

나도 먼저,

우리를 위해 노력할게.

먼 나중에 우리가,

지금의 우리를 떠올려봤을때,

충분히 행복해했으면 좋겠어서.

널 사랑하는 내가,

날 사랑하는 네가,

서로를 사랑하길 잘했다며,

충분히 감사해했으면 좋겠어서.

너와 좋은 기억을 많이 남기고 싶어.

먼 나중에 우리가,

지금의 우리를 떠올려봤을 때,

충분히 행복해할거라고 생각해.

널 사랑하는 내가,

날 사랑하는 네가,

지금도 서로를 만나길 정말 잘했다며,

충분히 행복해하고 만족해하고 있잖아.

너와 만드는 기억은 모두 좋아.

나를 배려해주는 네 마음,

단 한번도 당연하게 생각한 적 없어.

어떤 마음인지 알기에.

너의 따뜻한 말도,

단 한번도 권리라고 생각한 적 없어

그저 하나도 놓치기 싫었기에.

날 소중하게 아껴주는

네 마음 내가 소중히 간직할게.

내게 보여준 네 마음,

단 한번도 가볍게 생각한 적 없어.

그 또한 네 진심임을 알기에.

내게 하던 네 행동들도,

단 한번도 감사하지 않은 적이 없어.

그 또한 네 사랑의 표현임을 알기에.

내 마음을 소중하게 여겨주는,

네 행동에 난 오늘도 감사해.

친구들과 맛있는 걸 먹고 있으니깐,
함께 오면 좋아할 네가 생각났어.
아름답고 예쁜 걸 보고 있으니깐,
함께 보면 좋아할 네가 떠올랐어.

집으로 가는 길.
너랑 꼭 다시 와야지 다짐했고,
좋아할 너를 생각하며,
아쉬운 발걸음을 뒤로한 채 돌아왔어

어느 순간부터 내 일상 속에서,
널 생각하는 일이 당연해졌고,
널 떠올리는 것만으로도,
내 마음이 편안해졌어.

동기들과 오랜만에 술 한잔하러 나왔는데,

함께 오면 좋아할 네가 생각났어.

맛있는 음식을 한점 한점 입에 넣을 때마다,

함께 먹으면 즐거워할 네가 떠올랐어.

집으로 가는 길.

너랑 꼭 다시 와야지 다짐하면서,

한껏 상기된 얼굴로 좋아할 너를 생각하며,

아쉬운 발걸음을 뒤로한 채 돌아왔어.

어느 순간부터 내 일상 속에서,

널 생각하는 일이 당연해졌고,

널 떠올리는 것만으로도,

내 입가엔 웃음이 살포시 자리잡아.

혼자있는 밤,

많은 생각들이 스쳐,

잠을 이루지 못했던 날.

널 생각하다,

다른 생각을 해도,

결국, 다시 네 생각으로.

그렇게 너를 그리다 잠들어.

혼자있는 밤,

적막함에 사무쳐

잠에 들지 못했던 날.

괴로운 잡념중에,

너를 떠올리면,

그 편안함에 숨을 겨우 돌린다.

그렇게 너를 그리다 잠들어.

상처받는게 두려워서,

애써 날 밀어내는,

네 마음을 알기에,

따뜻하게 해주고 싶었어.

나와 함께있는 동안이라도,

네가 따뜻하길 바랬어.

동정이 아니라 사랑이기에,

너의 모든 모습들을 안아주고 싶었어.

어쩌면 네가 내게 주는,

대가를 바라지 않는 따뜻함에,

행여나 내가 널 실망시키지는 않을까,

거리를 두려고 했던 것 같아.

너와 함께있는 동안,

네게 상처를 주고 싶지 않았어.

가볍지 않고 진지했기에,

네게 모든 모습을 보여주기 두려웠어.

조금은 지쳐있던 날에도,

너의 말 한마디는,

내겐 더 큰 힘이 되었어.

조금은 힘들었던 날에도,

너의 말 한마디는,

내겐 더 큰 위로가 되었어.

예쁘게 말하는 사람을 좋아했다는 걸,

너를 만나고서 알게 되었어.

날카로운 말에 상처받은 날에도,

너의 안부인사 한마디는,

상처를 치유해주는 힘이 있었어.

뜻대로 풀리지 않아 괴로웠던 날에도,

너의 괜찮다는 한마디는,

다시금 나를 일으키는 힘이 있었어.

사랑이 만병통치약이라는 구절이 거짓이 아니라는 걸,

너를 만나고서 알게 되었어.

전화로 들려오는,

다정한 너의 목소리.

나의 지난 밤을 물어오는

너의 그 다정함이

오늘 나의 하루를 행복하게 해.

너와 함께 시작하는 오늘,

그 하루의 시작이 너라서 좋아.

분명 단순 문자인데도,

어렴풋이 보이는 활기찬 네 모습.

내 아침을 물어오는

너의 그 상냥함이

오늘 나의 하루를 의미있게 해.

너와 함께 시작하는 오늘,

그 하루의 시작이 너라서 좋아.

수많은 예쁜 말들이 있지만,
내게 의미를 남긴 말이 없었어.

의미를 남기기엔,
내겐 진심이 와닿지 않았고,
그 말들은 이내 내게 남지 않았어.

서툴었지만 너의 진심이 담긴
그 한마디는 내게 특별했고,
그게 여전히 기억에 남아.

어떠한 문장일지라도,
내 기억에 남는 말이 없어.

기억에 남기기엔,
영혼없는 인사치례로만 느껴졌기에,
그 문장들은 금세 날아가버린 듯 해.

투박했지만 너의 마음이 담긴
그 한마디는 내게 특별했고,
그게 여전히 귓가에 맴돌아.

널 만나러 가는 길은, 지루할 틈이 없는지.

평소와 같은 길이어도, 그 종착지에 네가 있다는 생각에,

이 길이 멀게 느껴지지 않는 것 같아.

여전히 나를 들뜨게하고, 여전히 나를 설레이게하는 너를

오직, 빨리 보고 싶은 마음뿐이야.

널 만나러 가는 길은, 어쩜 이렇게 즐거운지.

평소와 같은 길이어도, 그 종착지에 네가 있다는 생각에,

내게는 다른 의미로 다가오는 것 같아.

여전히 나를 기대하게 하고, 여전히 나를 설레이게 하는 너를

오직, 빨리 보고 싶은 마음뿐이야.

너와 함께 하루를 보내고

집으로 돌아가는 길.

내 옷에 스며든 너의 향기가,

여전히 내 곁에 은은하게 남아있어.

헤어진지 얼마안됐음에도

또 보고 싶어지는 네가

내 하루에 작은 아쉬움을 남기곤 해.

'또 보고 싶어'

너와 함께 하루를 보내고

집으로 돌아가는 길.

적막만 흐르는 차 안은,

왜 이리도 어색하고 공허한지.

고사리 같은 손으로 내 손을 만지작대며,

옆에서 너의 하루를 재잘대던 네가,

내 하루에 작은 아쉬움을 남기곤 해.

'또 보고 싶다'

너와 함께 있을 때,

문득 행복해질 때가 있어.

내 앞에 있는 네가,

날 바라보며 환하게 웃을 때.

그 모습을 바라보고 있으면,

어떤 말로도 표현할 수 없을 만큼,

행복하다고 느낄 때가 있어.

너와 함께 있을 때,

긴 잡념에서 잠시 해방될 때가 있어.

내가 쉴 수 있게 네 무릎을 내어주며,

상냥한 눈빛으로 내 머리를 어루만져줄 때.

그 모습을 바라보고 있으면,

날 얽매던 걱정들은 어느새 녹아버리고,

그 편안함에 내 눈은 어느새 감겨.

좋아하는 이유는 점점
필요하지 않아졌고,
너여서 좋아할 수 밖에 없었어.

오랜 시간을 너와 함께했고,
그 마음이 단순하지는 않았어.

어떻게 전해야 할지,
많은 시간을 고민했고,
그저 내 진심이 전해지기만 바랄게.

좋아한다라는 이 감정은

상한선이 없는걸까,

네가 어쩜 더 점점 좋아지는걸까.

오랜시간을 너와 함께했는데도,

이 마음이 단순해지지는 않나봐.

어떻게 전해야할지,

이미 내 머릿속에는 한가득.

어떻게 표현해야 진심이 잘 전달되려나.

미소짓는 너의 그 표정들이,

아직도 내 눈에는 선명하고.

따뜻하게 해준 너의 말들이,

아직도 내 마음에는 남아있어.

내게만 보여주는

그 모든 모습들이

난 그렇게 사랑스럽더라

진심으로 나를 걱정해주는 그 눈빛이,

이따금씩 선명하게 내 뇌리에 스쳐지나가.

덤덤하지만 애정이 묻어나는 너의 말들이,

내 마음 한켠에 차곡차곡 쌓여가.

내게만 보여주는

그 모든 모습들이

난 그렇게 사랑스럽더라.

데려다주는 길,

널 다시 보고 싶은 마음에 뒤돌아봤는데,

넌 그 자리에서 여전히 나를 바라보고 있었어.

매번 이렇게 내가 가는 뒷모습을 바라본채,

나만큼이나 아쉬운 마음을 남겼을 너를 생각하니,

문득 달려가 안아주고 싶었어.

다시 네게로 달려가서,

헤어지기 싫다고 말하며,

아쉬움을 잔뜩 표현하곤 널 안아줄래.

데려다주는 길,

아장아장 집에 들어가는 널 바라보고 있으면,

치명적인 귀여움에 미소를 짓게 돼.

매번 나를 남겨두고 먼저 집에 돌아간다는 생각에,

안쓰러움과 미안함을 혼자서 느낄 너를 생각하니,

문득 머리를 쓰다듬어 주고 싶었어.

어느 새 헤어지기 싫다며,

쪼르르 내 곁으로 달려온 너,

이리 와, 내 품에서 조금만 더 쉬다 가.

잠이 오지 않아

이리저리 뒤척이던 밤이였어.

뒤척이는 나로 인해

혹여나 곤히 자고 있는 네가 깰까봐,

홀로 버텨야하는 밤이 길었지만,

너와 함께할 아침을 기다리고 있었어.

넌 그런 내가 걱정스러운지

다정한 손길로 따뜻하게 안아줬잖아

네가 있어, 밤은 더 이상 무섭지 않아.

지친 하루를 보내고
쓰러지듯 잠든 밤이였어.

뒤척임으로 인해
행여나 내가 잠에서 깨어날까봐,
작은 움직임으로 핸드폰을 집어든 너는,
마치 내가 깨어날 다음날 아침을 기다리는 듯 했어.

다음날 네가 피곤하면 안되는데 싫어 널 안으니
핸드폰을 던져버리고는 내 품으로 쏙 들어오는 너.

푹 자요, 내 사랑스러운 연인아.

우리가 함께하는 날들이

점점 더 많아질수록,

우리가 점점 닮아가는게 보여.

내가 좋아했던 음식을 네가 좋아하고,

네가 좋아했던 노래를 내가 좋아하고,

점점 서로가 서로에게 스며드는 걸 보니깐.

널 닮아가는 내가 좋아졌고,

날 닮아있는 네가 좋아졌어.

우리가 함께하는 날들이

점점 더 많아질수록,

우리가 점점 닮아가는게 보여.

나의 습관적인 말투가 너의 입에서 흘러나오고,

너의 애교섞인 행동을 내가 따라하고,

점점 서로가 서로에게 스며드는 걸 느끼다보니깐.

널 닮아가는 내가 좋아졌고,

날 닮아있는 네가 좋아졌어.

내가 너를 행복하게 해줄테니,

더 많은 사랑이 있음을 경험하며,

더 많은 행복이 있다는걸 알았으면 좋겠다.

주는 사랑의 행복도,

받는 사랑의 행복도,

앞으로 함께 알아갈 행복도,

나와 함께 있을 행복들과 사랑들로,

네가 더 많이 웃을 수 있기를.

내가 네 뒤를 지킬테니,
하고 싶은 걸 해보고 체험하며,
더 많은 행복을 경험했으면 좋겠다.

소소함에서 오는 행복도,
신선함에서 오는 행복도,
익숙함에서 오는 행복도.

나와 함께 만들어갈 행복들과 사랑들로,
네 삶이 보다 더 다채로워지기를.

오늘따라 일이 꼬이고,

마음처럼 흘러가지 않는 하루였어.

그래서인지 몸도 마음도,

여유없이 힘든 하루였어.

그런 나를 아는지,

날 웃게 해주려는 네 덕분에,

어느새 내 입가에는 미소만,

네가 있어 힘낼 수 있었어.

오늘따라 이상할 정도로

안좋은 소식만 가득했던 하루였어.

그래서인지 몸도 마음도,

여유없이 힘든 하루였어.

그런 나를 단번에 알아채고,

날 웃게 해주려는 네 마음에,

어느새 올라간 내 입꼬리.

네가 있어 힘낼 수 있었어.

우리가 함께하는 추억이

내 모든 즐거움이 되었고,

우리가 함께하는 시간이,

내 모든 행복이 되었어.

너와 함께하는 추억이 많아질수록,

너와 함께하고 싶은게 더 많아졌어.

시간이 부족할 정도야.

우리가 함께하는 추억이
내 삶의 활력소가 되었고,

우리가 함께하는 시간이,
내게 쉼터가 되었어.

너와 함께하는 시간이 많아질수록,
너와 더 많은 시간을 보내고 싶다는 욕심이 생겨.

어서 너를 만나러 가야겠다.

집으로 가는 길에,
우리가 좋아하던,
붕어빵도 사오자.

오늘 하루에 대해,
이야기를 나누고,
함께 집으로 오자.

오래 걸리지 않아,
너를 데리러갈게.

집으로 가는 길에,

네가 좋아하는 볶음밥,

재료를 사오자.

오늘 하루에 대해,

왁자지껄 떠들며,

함께 집으로 오자.

아, 금방 도착해?

얌전히 기다릴게.

내가 자는 사이에 왔을,

너의 연락이 궁금했었어.

좋은 꿈을 꾸라며,

다정한 너의 연락도,

오늘 하루도 힘내라며,

응원을 하는 너의 연락도,

모두 내 하루의 기분 좋은 시작이야.

너를 토닥이며 재우고나면,

오늘 하루를 돌아보는 듯 해.

일이 너무 힘들었다며,

토라짐을 표현한 네 이모티콘도,

식사는 잘 챙겨먹으라는,

걱정어린 네 문자도,

모두 내 하루를 흐뭇하게 마무리하게 해.

네 눈빛이 얼마나

나를 따뜻하게 하는지,

네 눈빛이 얼마나

나를 웃게 만드는지.

내가 너를 바라보면

왜 그렇게 설레였는지

네가 날 바라볼 때의 눈빛을,

네가 한번쯤은 볼 수 있었으면 좋겠어.

네 표정이 얼마나
나를 흐뭇하게 하는지,
네 표정이 얼마나
나를 흐트려놓는지.

내가 너를 바라보면
왜 바보처럼 웃게 되는지

네가 날 바라볼 때의 표정을,
네가 한번쯤은 볼 수 있었으면 좋겠어.

'오늘도 고생많았어'

하루의 끝자락,

마지막 너의 한마디가,

나의 하루를 안아주는 것 같아.

내 모든 슬픔들은 이미 네 덕분에 잊혀졌고,

내 하루를 따뜻하게 해주는 네게 고마워.

'오늘도 네 덕분에'

하루의 끝에서,

행복해하는 너의 한마디가,

내게 크나큰 뿌듯함을 안겨주는 것 같아.

네 모든 슬픔을 전부 이해할 수는 없겠지만,

네 하루의 마지막을 따뜻하게 해줄 수 있어 행복해.

내가 널 좋아하는 데에는

분명한 이유가 있을 줄 알았어.

다들 물어보는데,

괜스레 부끄럽다랄까, 한 마디로 표현이 안되서랄까,

섣부르게 이야기하고 싶지 않았어.

네게로 달려가던 그때,

저 멀리서도 한눈에 널 알아보고 알았어.

'처음부터 이유는 필요하지 않았구나'

내가 널 좋아하는 데에는

분명한 이유가 있어.

다들 물어보는데,

뭔가 쑥쓰럽다랄까, 한 단어로 축약이 되지 않아서랄까,

섣부르게 이야기하고 싶지 않았어.

네가 내게 달려오는 그때,

어느새 내가 웃고 있는걸 보고 알았어.

'처음부터 이유는 필요하지 않았구나'

내가 먼저 묻지 않아도

내 마음을 배려해주는

네가 있어 행복하고,

내 생각하고 있을 때에도

솔직하게 표현해주는

네가 있어 행복해.

오늘도 너에게서 행복을 배워가.

내가 먼저 털어놓지 않아도

내 마음을 보듬어주는

네가 있어 행복하고,

섣불리 감정적인 행동을 하기보단

나와의 소통을 우선시하는

네가 있어 행복해.

내 옆에 있는 사람이 너라서 행복해.

너와 만난 이후로

달라진 점이 하나 있다면

내가 괜찮은 사람이 되고 싶어졌다는 것.

마음을 주고도 아쉬워하며,

아낌없이 사랑하는 네가.

배려해주면서도 걱정하고,

아낌없는 행복을 나눠주는 네가.

날 괜찮은 사람이고 싶게 해.

너와 만난 이후로

달라진 점이 하나 있다면

내가 괜찮은 사람이 되고 싶어졌다는 것.

애써 괜찮은 척 하며,

아픈 마음을 내 앞에서 숨기려 하는 네가.

피곤함에 미간이 찌뿌려져도,

내가 힘들진 않은지 걱정하는 네가.

날 괜찮은 사람이고 싶게 해.

널 오해하는 이들로 인해

속상하다고 하던 너,

내가 아는 넌 그런 사람이 아니야.

네가 생각했던 것보다도.

넌 훨씬 좋은 사람이여서,

난 오늘도 네 곁에서 사랑에 대해 알아가.

누구보다도 너를 잘 아는 내가,

널 가장 소중하게 생각할만큼,

넌 괜찮은 사람이야.

널 오해하는 이들로 인해
마음 아파하던 너.

내가 아는 넌 그런 사람이 아니야.

네가 생각했던 것보다도,
넌 훨씬 마음 따뜻한 사람이어서,
난 오늘도 너라는 사람에게 한 스푼 더 반하고 말았는걸.

누구보다도 너를 잘 아는 내가,
널 가장 소중하게 생각할만큼,
넌 가치있는 사람이야.

네가 좋아하는 노래를
요즘 내가 자주 들어.

익숙해진 멜로디를,
이제는 내가 흥얼거리고,

평소 찾지도 않던 음식들을,
이젠 내가 좋아해서 찾곤해.

우리는 그렇게,
지나온 시간만큼이나,
서로에게 많이 스며들었어.

네가 좋아하는 영상도
요즘 내가 자주 틀어.

잘 쓰지 않던 이모티콘도,
이제는 너보다 더 많이 사용하는 것 같고,

평소 관심도 없던 인스타툰들을
이젠 내가 찾아서 네게 보내주곤 해.

우리는 그렇게,
지나온 시간만큼이나,
서로에 많이 스며든 것 같아.

처음에는 너의 다정함이 좋았어.

너를 좋아하는 이유가 분명했고,

그 이유들이 내가 너를 좋아하게 했어.

이젠 그 수 많은 이유들이 아닌,

너여서 점점 좋아지는 것 같아.

처음에는 너의 상냥함이 좋았어.

네게 호감이 간 이유가 명확했고,

그 이유들이 내가 네 손을 잡게끔 했어.

이젠 그 수 많은 이유들이 아닌,

너이기에 점점 좋아지는 것 같아.

올해는 내게 많은 변화들이 있었어.

그 변화들이 마냥 반갑지는 않았는데,
그 많은 변화들 중에 너라는 사람은 반가웠어.

너를 우연히 알게 되었고,
너라는 사람이 내게 와서,
올해는 내게 좋았던 한해로 기억될 것 같아.

올해는 내게 격동의 시기였었어.

새로운 환경에 적응하는게 마냥 쉽지 않았는데,
그런 와중에도 너를 만나게 되었음에 감사해.

너를 우연히 알게 되었고,
너라는 사람이 내 손을 잡아주어서,
올해는 내게 뿌듯한 한해로 기억될 것 같아.

너를 좋아하고서부터는,

네가 싫어하는 행동은 하기 싫어졌고,

네가 싫어하는 말도 하기 싫어졌어.

그저, 내 행동 내 말투,

작은 것 하나하나,

모든게 조심스러워졌어.

널 좋아하는만큼,

실수 가득한 모습보다는,

좋은 모습만 보여주고 싶어졌어.

너를 좋아하고서부터는,

누구에게도 하지 않는 행동을 네 앞에서는 하고,

누구에게도 하지 않는 말을 네게는 하고 있더라.

그저, 내 행동 내 말투,

작은 것 하나하나,

내게도 이런 모습이 있나 놀라고 있어.

널 좋아하다보니,

누구에게나 보여주는 나의 모습과는 다른,

이런 사랑에 빠진 모습을 너에게 보여주고 있나봐.

"너와 함께있으면 편안해"

내가 편안해질 수 있었던건 ,

너의 세심한 배려덕분이고,

내가 안정될 수 있었던건,

너의 따뜻한 마음덕분이야.

'편안해'서 설레이지 않는게 아니라,

'편안해'서 더 우리가 오래 함께였으면 해.

누군가에게나 쉽게 느낄 수 없는 감정이니깐.

"너와 함께 있으면 편안해."

내가 편안해질 수 있었던건,

네가 건네준 따뜻한 손길 덕분이고,

내가 안정될 수 있었던건,

네가 보여준 굳건한 믿음 덕분이야.

'편안해'서 설레이지 않는게 아니라,

'편안해'서 더 서로가 소중해졌으면 해.

누군가에게나 쉽게 느낄 수 없는 감정이니깐.

'날 만나고 언제가 제일 행복했었어?'

나의 물음에 단, 한번의 고민없이
'네가 행복해할 때'
라고 말하는 널 보며,

더 많은 행복을 아는 사람이구나.
하는 생각이 들었었어.

그런 너를 통해 오늘도,
난 더 큰 행복을 알아가.

'날 만나고 언제가 제일 행복했었어?'

나의 물음에, 고개를 갸웃하고는,

'지금!'

이라며 배시시 웃는 널 보며,

생각지도 못한 네 대답에,

난 너와 함께인 지금의 순간이 소중해졌어.

그런 너를 통해 오늘도,

난 더 큰 행복을 알아가.

널 좋아하게 된 후로,
네가 지나왔을 모든 순간들을
따뜻하게 안아주고 싶었어.

내가 모르는 네 순간속에서의
많은 기쁨도 많은 외로움조차도,

그 모든 순간들이
지금 내 옆에 너를 있게 했으니깐

그 모든 순간들은 내게도 헛되지않아.

널 좋아하게 된 후로,

네가 보내왔을 내가 없는 시간들을

토닥토닥 보듬이주고 싶었어.

내가 모르는 네 시간속에서의

모든 행복과 모든 경험들조차도,

그 모든 시간들이

지금 내 옆에 너를 있게 했으니깐

그 모든 시간들은 내게도 소중한 것 같아.

나 혼자서의 불확실한 미래는,

색채없는 회색빛으로 느껴졌었어.

그런 나에게 네가 나타나고,

같이가자던 너의 한마디가,

큰 위로가 되어선 두려움보단,

우리가 함께할 설렘으로 가득해졌어.

이젠 네가 있어서,

난 더이상 혼자가 아니야.

나 혼자 헤쳐나가야 하는 생각에,

항상 마음 어딘가 공허함이 느껴졌었어.

그런 나에게 네가 나타나고,

자그마한 어깨를 내주는 너의 행동이,

따뜻한 위로가 되어서,

다시금 주변에 색채를 입혀주었어.

이젠 네가 있어서,

난 더 이상 혼자가 아니야.

따뜻한 손을 잡고 있다보니깐,

내 마음까지도 따뜻해졌어.

너의 따뜻한 품에 있으니깐,

내 마음까지도 따뜻해졌어.

춥기만할 것 같던 올해 겨울,

네가 있어서 나의 겨울이 따뜻해졌어.

너의 머리를 쓰다듬어 주다보면,

내 마음이 따뜻해져 가.

네게 밸 수 있게 내 팔을 베게로 내어주면,

내 마음도 따뜻해져 가.

외롭기만 할 것 같던 올해 겨울,

네가 있어서 나의 겨울이 따뜻해졌어.

너는 내게 글로 기억되곤 해.

너라는 사람이 나에게 오고,
내게 남겨주었던 따뜻한 말과,
내게 보여준 다정한 표현들.

쉬어가고 싶을 때 꺼내볼 수 있게,
내 마음 속에 기록해두고 있어.

너는 내게 사진으로 기억되곤 해.

너라는 사람이 내게 온 후로 보여준,

장난기 가득한 입꼬리와,

환희에 가득찬 네 눈동자.

보고플 때 꺼내볼 수 있게,

내 마음 속에 기록해두고 있어.

좋은 일이 생기면,
함께 기뻐해줄 네가 떠오르고.

울고 싶은 일이 생기면,
나보다 더 마음 아파할 너를 떠올리곤 해.

진심으로 마음써 주는 너여서,
어느 순간에도 네가 떠올라.

네게 좋은 일이 생기면,

그게 내 일인 것처럼 기분이 좋아.

네게 슬픈 일이 생기면,

어떻게 위로해줄 수 있을까 마음이 아파.

내가 네게 진심이기에,

매 순간마다 네가 떠오르는 듯 해.

한 사람을 변하게 하기까지,

많은 노력과 시간이 들어가잖아.

나 역시도 한순간에,

많은게 변하지는 않을꺼야.

그럼에도 쉽진 않겠지만,

우리를 위한 노력이라면, 해볼께

한 사람이 변하게끔 하는게,

가능할거라고 생각하지 않아.

나를 변하게 하는것 조차 쉽지 않은데,

누군가를 변하게 할 수 있는걸까.

그럼에도 너이기에,

어려울걸 알면서도 욕심이 나.

혼자였던 수많은 시간들이,

이젠 떠오르지도 않을 만큼.

함께해온 수많은 순간들이,

이젠 내게 많은 의미가 되었어.

어쩌면 내가 생각했던 것보다,

더 많은 시간 동안 널 사랑한 것 같아.

이전보다 더 힘든 시간인데도,

다시 꿋꿋이 일어날 수 있는 건,

너와 함께하고 있는 순간들이,

내게 얼마나 큰 힘이 되고 있는지.

어쩌면 내가 생각했던 것보다,

진하게 네게 물들어가고 있는 것 같아.

수 많은 걱정들을 만드는 관계가,
때로는 지치고 어려웠었던 적이 있었어.

널 만나고 내 마음이 한결 편안해진 이유는,
내가 걱정하지 않게끔 해주는 너의 말들과,
내게 확신을 주는 너의 행동들이었어.

그 어떤 이유보다도
널 사랑하게 하기엔 충분해.

가까워도 믿음은 없는 아이러니한 관계가,

이를 바꿀 수 없다는 무력감에 괴로웠었던 것 같아.

널 만나고 내가 진심으로 놀랐던 이유는,

어떤 상황일지라도 배려심이 깃든 너의 말들과,

애초에 내가 오해하지 않게끔 하는 너의 행동들이었어.

그 어떤 이유보다도

널 사랑하게 하기엔 충분해.

네가 내게 위로가 되어주는 것처럼,

나 역시도 네게 위로가 되어주고싶었어.

단지, 표현이 서툴다는 말로,

네게 내 마음을 다 표현하진 못했었어.

네게 표현하지 못했던 말들은,

내 마음에 고스란히 남아 후회가 되곤 해.

'이렇게 말했으면 더 좋았을텐데'

서툰 내 표현들조차도, 웃으며 안아주는 네게 고마워.

네가 내게 힘이 되어주는 것처럼,

나 역시도 네게 힘이 되어주고 싶었어.

단지, 어색하다라는 이유로,

네게 내 마음을 다 보여주지 못한 것 같아.

네게 전달하지 못한 나의 마음은,

결국 작은 후회로 돌아오곤 해.

'이렇게 했으면 너가 좋아했을텐데'

담담한 내 표현들조차도, 포근하게 안아주는 네게 고마워.

네가 더 좋아지게되면,

내 마음에 상처가 남게될까,

두려웠던 순간이 있었어.

그치만, 어느새 내게 너는,

그 무엇보다도 소중해졌고,

네가 아니면 안될 것 같아졌어.

앞으로 우리가 어떻게 될지 모르겠지만,

난 그 모든 순간들 속에서

있는 힘껏 너를 사랑하려고.

너에 대한 마음이 점차 커져나갈 때,

너의 마음에 변화가 생기진 않을까,

걱정하던 순간이 있었어.

그치만, 가랑비에 옷이 젖는 것처럼,

너는 행동으로 내 걱정을 종식시켰고,

네가 아니면 안될 것 같아졌어.

앞으로 우리가 어떻게 될지 모르겠지만,

난 너와의 시간들 속에서

있는 힘껏 너를 사랑하려고.

내 일상의 사소함까지도,

너와 함께 공유하고 있고,

내 하루의 마지막까지도,

너와 함께 하고 있어.

'나는 너를 믿어'

다른사람의 말보다도,

날 믿어주고 있는 그 마음이,

내겐 더욱 의미있고, 중요한거야.

아무도 모르는 내 취향들까지도,

너와 함께 공유하고 있고,

아무도 모르는 내 비밀들까지도,

너와 함께 나누고 있어.

'나는 너를 믿어'

평소 나를 잘 드러내지 않는 사람이,

내 모든걸 네게 이야기할 수 있다는건,

넌 내게 의미있고, 중요한 사람인거야.

혹여나 내가 주었던 마음들이,
내게로 다시 돌아오지 않을까봐,
발을 동동거리며 불안해했었어.

그래서 서서히 마음의 문을 닫았을 때,
널 사랑하게 되면서 배운게 하나 있어.

누군가를 사랑하는 마음은,
비워짐이 아니라는 것.
'사랑'을 줄 수 있다는 것만으로도,
또, 다른 '행복'들이 채워진다는 것.

혹시나 내가 주었던 마음들이,

아무런 의미없이 내팽개쳐질까봐,

언제나 경계하며 불안해했었어.

그래서 서서히 의미를 부여하지 않게 될 때,

널 사랑하게 되면서 배운게 하나 있어.

누군가를 사랑하는 마음은,

이를 받는 사람이 아껴줘야 그제야 빛난다는 것.

“내”가 의미를 부여하는 것이 아니라,

“너”가 의미를 부여해주는 것이라는 것.

네가 지치고 힘들 때에는,
너의 마음이 따뜻해질 수 있었으면 좋겠고.
네가 기쁘고 행복할 때에는,
너만큼이나 행복해할 날 생각해줬음 좋겠어.

그렇게 내가 해줄 말들이,
너의 어느날에 펼쳐볼만큼
네 마음에 잘 기록되었으면 좋겠어.

내가 지치고 힘들 때,

네게 기대 쉬어도 되는건지 사실 불안해.

내가 기쁘고 행복할 때,

네가 보여주는 환한 미소를 잃을까 두려워.

네가 내게 나눠주는 온기가,

내 모든 순간순간을 덮어줄 수 있도록,

네가 내 옆에 오래 있어줬으면 좋겠어.

네가 행복해하는 모습이

나를 또, 행복하게 만들어서

주고 줘도, 더 주고 싶어져.

내가 해주는 모든 것들에,

고마워해주는 네가 고마워서,

네게 더 많은 것을 해주고 싶어.

네가 감동받아하는 모습이

나를 또, 행복하게 만들어서

주고 줘도, 또 주고 싶어져.

작은 것에도 화들짝 놀라며,

진심으로 감동해주는 네가 고마워서,

네게 더 많은 것을 해주고 싶어.

너와 이렇게 둘이 누워서
서로가 지나왔을 날들에 대해 이야기하면,
네게 위로가 되어줄 수 있다는게,
내겐 가장 의미 있는 일이었어.

평범한 하루였더라도
서로가 보냈던 하루에 대해 이야기하면,
네 편이 되어줄 수 있다는게
내게 가장 큰 행복을 주는 일이었어.

나는 너와 함께 있을 때, 가장 즐거워

평범한 하루였더라도,

서로가 보냈던 하루에 대해 이야기하면,

가빴던 숨은 어느새 차분해지며,

네게서만 얻을 수 있는 휴식을 얻고는 해.

너와 이렇게 나란히 앉아서,

서로가 지나온 날들에 대해 이야기하면,

마음이 어루어만져지는 것을 느끼며,

네게서만 얻을 수 있는 행복을 얻고는 해.

나는 너와 함께 있을 때, 비로소 내가 되는 듯 해.

네가 가진 습관을 알아

사소하겠지만,

난 특별하게 기억할게.

네가 가진 표정을 알아.

많이 보았지만,

난 특별하게 생각할게.

너와 함께하는 모든 순간을,

난 특별하게 남겨둘게.

네가 가진 습관을 알아.

아무도 눈치채지 못했겠지만,

난 특별하게 기억해.

네가 가진 사랑스러움을 알아.

나에게만 보여주는 모습인걸 알아서,

내겐 정말 특별해.

너와 함께하는 모든 순간을,

난 특별하게 남겨둘게.

투정부리지 않던 내가,

네게 투정부릴만큼

오늘 버티기에는 힘든 날이였어.

걱정할 네게 짐이 되기 싫어,

애써 피해봤지만,

너는 나를 아는지,

말없이 따뜻한 품을 내어줘.

괜찮아 내가 있잖아

든든한 모습만 보여주고 싶은데,

네게 집중을 못할만큼

오늘 잘 안풀리던 날이었어.

걱정할 네가 눈에 뻔히 보여,

애써 감춰봤지만,

네겐 다 보이는지,

괜찮다며 품을 내어주는 너.

괜찮아, 네가 있어서.

내게 소중한 네가

상처받지 않았으면 좋겠고,

소중한 우리 사이가

작은 오해들로 인해

멀어지는 건 생각만해도 싫어.

내게 행복하게 웃어보이는 네게

더 따스함을 줄 수 있는 햇살이 되어주고 싶어.

그만큼 네가 내겐 소중하다는 의미야.

내게 소중한 네가

외로워하지 않았으면 좋겠고,

소중한 우리 사이가

작은 소홀함들로 인해

거리감이 생기는 건 상상하고 싶지 않아.

내게 기대어 쉬고 있는 네게

더 편하게 쉬어갈 수 있는 그늘이 되어주고 싶어.

그만큼 네가 내겐 소중하다는 의미야.

늘 든든해 보이던,

네 어깨가 오늘따라

조금은 지쳐보여.

늘 날 먼저 걱정해주던,

너의 눈빛도 오늘따라

조금은 힘겨워보여.

그동안 네가 날 지켜줬으니깐,

이제 내가 너를 지켜줄게.

나도 모르게 오늘은,

내 자신을 몰아붙혔던걸까,

힘듦을 숨기기가 어려웠어.

걱정 어린 너의 눈빛,

네게 편안히 안겨 쉬라며,

나를 네 품으로 잡아 이끄는 너.

그동안 네가 내가 보여준 모습이라면,

그래, 그게 너이기에,

이제는 잠깐 기대도 되겠지.

네게 내가, 내게 네가
서로에게 맞는 사람이 되어간다는건,
서로가 중요한 사람이기에 가능한 것 같아.

많은 마음을 써야하는 일이고,
많은 노력을 써야하는 일이여서,
서로에게 맞는 사람이 된다는건,
서로가 소중한 사람이기에 가능한 것 같아.

내가 네게 소중한 만큼,
네가 내게도 많이 소중하니까.

내게 네가, 네게 내가

서로에게 어울리는 사람이 되어간다는건,

서로를 누구보다 아껴주기에 가능한 것 같아.

많은 신경을 써야하는 일이고,

많은 희생을 해야하는 일이라서,

서로에게 어울리는 사람이 된다는건,

서로가 아껴주고픈 사람이기에 가능한 것 같아.

내가 너를 아끼는 만큼,

너를 내가 많이 아끼니까.

네가 힘들 때,

제일 먼저 생각나는 사람이,

나였으면 좋겠다는 생각을 했어.

잠시라도 쉬어가고 싶을 때,

내 어깨를 내어줄 수 있으니까,

나였으면 좋겠다는 생각을 했어.

네가 기대고 싶은 날에,

가장 먼저 생각나는 사람이고 싶어.

네가 외로울 때,

제일 먼저 생각나는 사람이,

나였으면 좋겠다는 생각을 했어.

하루에 지쳐 어깨가 축 쳐질 때,

네 뒤에서 너를 감싸안아줄 수 있으니,

나였으면 좋겠다는 생각을 했어.

네가 주저않고 싶은 날에,

가장 먼저 생각나는 사람이고 싶어.

"언제나"

네가 자주 사용하던 단어,

이젠 내가 가장 좋아하게 된 단어야.

"네 곁에는 언제나 내가 있을꺼야"

"널 언제나 지금처럼 사랑할꺼야"

나의 미래에도,

함께하고 싶어하는 넌,

지금까지도 달라짐없어 한결같아.

너의 그런 점을 내가 좋아해.

"고마워"

네가 자주 사용하던 단어,

내 입에도 자연스레 자리잡게 된 단어야.

"내 곁에 있어줘서 고마워"

"나를 보러와줘서 고마워"

널 위한 행동 하나하나에도,

진심어린 감사를 건네는 넌,

지금까지도 달라짐없이 한결같아.

너의 그런 점을 내가 좋아해.

세상에 완벽한 사람이 어디있겠어.

내게도, 네게도.

어느 누구에게도 부족한 면은 있어.

다만,

내가 너의 부족함을 알고 안아주는 것처럼,

네가 나의 부족함을 알고 안아주는 거지.

그렇게 서로의 부족한 면이라도,

빈틈없이 안아주는 거지.

세상에 부족하지 않은 사람이 어디있겠어.

나도, 너도.

어느 누구도 혼자만으론 완전할 수 없어.

다만,

내가 너를 안아줌으로써 너가 완전에 가까워지고,

너가 나를 안아줌으로써 내가 완전에 가까워지고.

그렇게 서로를 완전해질 수 있게,

빈틈없이 안아주는 거지.

언제부터였을까.

너로 인해 행복해진,
내 마음의 시작점부터였을까.

너와 함께 할 미래들이,
내 머릿속을 가득 채웠을 때부터였을까.

너에게 자연스럽게 스며들었고,
그런 내가 마냥 좋다.

헤어나오고 싶지 않을만큼.

그때부터였던 것 같아.

너로 인해 차분해지며,

내 마음이 편안해지던 그 순간.

너와 함께 머리를 맞대고,

앞으로 함께할 미래들을 그려보던 그 순간.

너에게 자연스럽게 스며들었고,

그런 내가 마냥 좋다.

헤어나오고 싶지 않을만큼.

너와 다투게 될때마다,

내 마음을 몰라주는 네가,

한편으로는 밉기도 했었는데.

지금 이렇게 지나고 보니,

그것조차도 사랑이였던 것 같아.

다투었던 만큼 서로를 잘 알게 되었고,

지금처럼 더 단단해지기 위한 이유였어.

너의 입술이 삐쭉 튀어나올때마다,

내 의도를 몰라주는 네가,

한편으로는 밉기도 했었는데.

지금 이렇게 지나고 보니,

좋아하기에 다투지 않았을까 싶어.

다투었던 만큼 서로를 잘 알게 되었기에,

지금처럼 서로가 편안할 수 있었던거야.

우리에게 물리적 거리가 생겨도,
내겐 그리 멀게 느껴지진 않아.

네가 내 곁에 있지 않다고 해도,
내 마음에는 언제나 네가 있고.

우리가 함께 있지 않다고 해도,
서로를 생각하는건 변함없어.

언제든 어디서든,
내 마음 속엔 항상 네가 있어.

물리적 거리가 걱정되어 말을 꺼낸 내게,

넌 멀게 느껴지지 않는다고 했지.

내가 네 곁에 있지 않다고 해도,

네 마음에는 언제나 내가 있다고 말이야.

이렇게 날 사랑해주는 네가 있는데,

물리적 거리가 무슨 문제겠어.

언제든 어디서든,

내 마음 속에도 항상 네가 있어.

지금 우리가 걷는
언제봐도 똑같은 이 거리.

넌 여전히 변함없는 표정으로,
날 바라보며 웃고 있어.

처음 봤을 때에도,
우리가 함께하는 지금도,
그런 사소함에서,
네 마음이 고스란히 느껴져.

너를 데려다주며 지나가는
언제봐도 똑같은 이 거리.

넌 여전히 더 있다가라는 듯
아쉬움에 두 눈을 반짝여.

처음 봤을 때에도,
우리가 손잡고 있는 지금도,
이런 귀여운 순간순간들에서,
네 마음이 고스란히 느껴져.

나를 알지 못하는 사람들에게

애써 웃어야만 했던 그런 하루.

지친 마음에 한숨이라도 돌리고 싶던 사이,

널 떠올리는 것만으로도 든든해졌어.

집으로 돌아가면 그런 나의 하루를

따뜻하게 안아줄 네가 있어서,

어느새 내 하루는 따뜻해져가.

나를 날카롭게 대하는 사람들에게
애써 무던한 척 해야했던 그런 하루.

한 숨을 길게 내쉬며 굳은 어깨를 풀어주다보니,
내 어깨를 부드럽게 안마해주던 네가 생각났어.

집으로 돌아가면 고단했던 내 하루를
진심으로 위로해 줄 네가 있어서,

어느새 내 하루는 따뜻해져가.

어느 순간부터,

네가 괜찮다고 하면,

정말 괜찮아지는 것 같아.

지금처럼 복잡하게 파도처럼 일렁이던 마음들로

잠이 오지 않던 밤도,

너의 말 한마디에 언제 그랬냐는 듯 잔잔해졌어.

'괜찮아, 이젠 다 괜찮을꺼야'

너의 말 한마디가,

내 마음을 평온하게 해.

넌 내게 그런 사람인가봐.

어느 순간부터,

너와 함께 있으면,

마음이 평온해지는걸 느껴.

본질적으로 해결될 수 없는 문제들로

나를 괴롭히던 잡념들도,

너의 손길에 언제 그랬냐는 듯 사라져버려.

‘고생많았어, 여기 잠깐 누워봐’

부드럽게 날 어루어만져 주는 너의 손길이,

내 마음을 잔잔하게 해.

넌 내게 그런 사람인가봐.

우리가 처음 만났을 때,

다들 그런 것처럼,

떨리고 어색했던 시간들을 지나,

어느새 자연스럽게 서로에게 스며들었어.

우리가 이렇게 마주보고 앉아,

서로의 이야기를 나누며,

평범하고 소소한 일상에,

서로가 있어 의미있음을 느끼는 게.

너와 내가 아닌,

우리가 되었다는게 신기해.

우리가 처음 만났을 때 기억나?

다들 그런 것처럼,

떨리고 어색했던 시간들을 지나,

어느새 자연스럽게 서로에게 스며들었어.

우리가 이렇게 마주보고 누워,

서로의 머리를 쓰다듬어주며,

작은 일상 속 파편 하나하나에,

서로가 있어 의미있음을 느끼는게.

너와 내가 아닌,

우리가 되었다는게 감사해.

애써 마음을 설명하려,

이리저리 변명하지 않아도.

애써 상황을 이해시키려,

갖은 핑계로 말하지 않아도.

나를 믿어주는 네가 있어서,

더 솔직할 수 있었던 것 같아.

나를 믿어주는 네가,

실망하는 일은 없을거야.

애써 나를 위로해주려,

발을 동동 구르지 않아도.

애써 나를 격려해주려,

이리저리 포장하려 듯 하지 않아도.

이미 네가 내 옆에 있는 것만으로,

나는 다시금 원동력을 불어넣는다.

나를 사랑해주는 네 존재가,

내 삶을 은은하게 조금씩 물들여간다.

다른 사람에게 보여주지 않던,

있는 그대로의 내 모습을 보여줘도,

넌 늘 그 눈빛으로 나를 바라봐줘.

들키기 싫어 애쓰고 있던,

어리숙한 내 마음을 들켜도,

넌 늘 그 눈빛으로 나를 바라봐줘.

나를 바라보는 너의 눈빛은,

나를 사랑한다고 이야기하는 것 같아.

다른 사람에게는 숨기고 있었던,

있는 그대로의 내 모습을 보여줘도,

넌 항상 웃으며 나를 보듬어줘.

들키기 싫어 아무렇지 않은 척하던,

힘듬에 짓눌려 피폐해진 내 모습도,

넌 항상 부드러운 손길로 어루어만져줘.

나를 어루어만져 주는 너의 손길은,

나를 사랑한다고 이야기 하는 것 같아.

문득 떠나는 여행이

예상할 수 없음에 두려울지라도,

문득 뛰어든 바다가

끝없이 멀게만 느껴질지라도,

너와 함께라면 어디든 좋아,

그러니깐 우리 함께 가자.

처음 해보는 베이킹,

그 서투름에 부끄러울지라도,

처음 가보는 와인바,

그 어색함에 얼떨떨하지만서도,

너와 함께라면 어디든 좋아,

천천히 가자, 넘어지지 말고.

장봐온 재료들로 요리하고,

나란히 누워서 낮잠도 자고.

너와 함께 있으면,

어느새 하루가 금방 지나가.

너와 함께하는 소소한 일상이

내게 평생이 되었으면 좋겠다.

그런 바램이 아쉬움으로 남아선,

우리가 함께할 일상을 기다리게 해.

먹어본 적 없는 맛있는 음식을 먹고,
해본 적 없는 즐거운 경험을 하고.

너와 함께 있으면,
어느새 하루의 끝을 보게 돼.

너와 함께하는 다채로운 하루하루가,
나의 하루들이 되었으면 좋겠다.

그런 바람이 아쉬움으로 남아선,
우리가 함께할 일상을 기다리게 해.

네가 슬퍼할 때면,

서툰 나의 위로라도,

네게 닿아 힘이 되었으면 좋겠어.

네가 기뻐할 때면,

네가 받을 모든 축복에,

더 행복해할 나를 알아줬으면 좋겠어

네가 그랬던 것 처럼,

이젠 내가 네 곁에 있을게.

네가 힘들어할 때면,

우스꽝스러운 나의 행동으로라도,

네가 웃을 수 있게 해주었으면 좋겠어.

네가 즐거워할 때면,

내게 어떤 힘든 일이 있었어도,

뿌듯함에 기뻐할 나를 알아줬으면 좋겠어.

네가 그랬던 것처럼,

언제나 내가 네 옆에 있을게.

서로를 이해하지 못해서,

답답하고 슬플때도 있을거야.

나의 섣부른 판단이 네게 상처를 줄 수 있고,

너의 차가운 말투가 내게 상처가 될 수도 있어.

이 시간들은 우리의 사이가 깊어지는 과정이고,

이 시간들은 언젠가 우리를 단단하게 할꺼야.

그렇기에 나는 너를 포기하지 않을거야.

네 마음을 몰라주는 나 때문에,

답답하고 서운할 때도 있을거야.

내 서툰 표현이 네게 상처를 줄 수도 있고,

네 모진 단어가 내게 상처가 될 수도 있어.

그런데 있잖아, 난 이 시간들조차도,

그게 너와의 시간들이기에 하염없이 행복하다.

그렇기에 나는 너를 포기하지 않을거야.

너를 만나, 사랑하게 되면서,

내가 어떤 사람을 기다렸는지 알게 되었어.

따뜻한 온기를 나눌 수 있는 사람이라서,

기다리고 기다렸던 너라는 사람을 만나서,

이번 한해는 내게 따뜻하게 기억될 것 같아.

너를 만나, 사랑하게 되면서,

내가 어떤 사람을 그려왔는지 알게 되었어.

내 모난 점들도 감싸안아 주는 너라서,

나와 함께 웃어주고 울어주는 너라서,

이번 한해는 내게 따뜻하게 기억될 것 같아.

너와 함께 있는 동안,

시간이 빨리 가는 것처럼 느껴질 때나,

나를 잘 알아주는 유일한 사람이,

너라는 게 느껴질 때면,

꽤 오랜시간 동안 너를 바라보며,

네가 없이는 안될 것 같다는 생각이 들었어.

너와 함께 누워있다,

어느새 내가 잠들어버린걸 발견할 때나,

내 이마에 맺힌 땀방울을,

네가 까치발을 들고 닦아줄 때,

멍하니 날 위해주는 너를 바라보며,

네가 없이는 안될 것 같다는 생각을 했어.

너와 찍은 사진들을
하나씩 하나씩 다시 열어봤어.

너와 함께 찍은 사진 속의 나는,
늘 행복하게 웃고있는지.

내가 보는 내 모습조차도 너무 행복해보여서,
내 스스로도 신기했어.

아무래도 나는,
너와 함께하는 시간들이,
진심으로 행복한가봐.

너와 찍은 사진들을,

하나씩 하나씩 다시 넘겨봤어.

너와 함께 찍은 사진 속의 나는,

왜 이리 장난꾸러기 같은지.

내가 보는 내 모습인데도 참 어색할 정도로,

내 스스로도 신기했어.

아무래도 나는,

너와 함께하는 시간들이,

정말로 즐거운가봐.

너와 함께여서,

그 아이스크림이 더 달달하게 기억되더라.

너와 함께여서,

그 바다가 더 아름답게 기억되더라.

너와 함께여서,

그 모든 순간이 내겐 소중하더라.

우리가 함께할 모든 순간들이,

너에게도 의미있는 기억으로 남아있었으면.

너와 함께여서,

그 마라탕이 더 맛있게 느껴지더라.

너와 함께여서,

그 글램핑이 더 아늑하게 느껴지더라.

너와 함께여서,

그 모든 순간이 내겐 소중하더라.

우리가 함께할 모든 순간들이,

너에게도 소중한 기억으로 남아있기를.

'괜찮아?' '이건 어때?'

당연하게 생각할 수 있겠지만,
너의 배려들을 늘 고맙게 생각해.

어쩌면 사소한 물음일 수 있지만,
나의 말에 귀기울여 주는 네게,
더 많은 고마움을 표현할게.

그 배려가 얼마나 내게 소중했는지,
그 마음을 얼마나 내가 사랑하는지,
더 많은 나의 마음을 표현할게.

'너는 어때?' '보고 싶어!'

당연하게 생각할 수 있겠지만,
네 작은 표현 하나하나가 내겐 빛나.

어쩌면 사소한 표현일 수 있지만,
네 감정을 전달하려 노력하는 네게,
그 고마움에 나는 슬며시 웃곤 해.

그 표현이 얼마나 내게 소중했는지,
그 마음을 얼마나 내가 사랑하는지,
백마디의 말보다 행동으로 네게 보여줄게.

좋은 사람인 너를 좀 더 빨리 만났더라면,
우리가 함께할 추억이 좀 더 많았을텐데.

좋은 사람인 너를 좀 더 빨리 알아봤더라면,
우리에게 더 의미있을 기억을 나누었을텐데.

너를 만나고 아쉬운 점이 생겼어.

좋은 사람인 너를 지금이라도 만나서,

함께하는 추억을 쌓아갈 수 있음에 감사해.

좋은 사람인 너를 그 때 알아봤기에,

의미있는 기억을 나누고 있음에 행복해.

아쉬움은 보내주고, 지금을 즐기자 몽글아.

알면 알수록,

새로운 매력이

눈에 띄는 사람보다,

알아가면 알아갈수록,

한결같이 내 곁을 지켜준다는,

확신이 생기는 사람이 좋아.

너처럼

보면 볼수록,

외적인 매력이

와닿는 사람보다,

보고 또 봐도,

든든하게 내 곁을 지켜줄 수 있는,

내면이 견고한 사람이 좋아.

너처럼

나의 행복한 순간에,

네가 있어 다행이였어.

많은 축하 속에서,

내게 건내던 너의 진심은,

내게 더 많은 축복이였어.

지금에 오기까지

내 곁을 지켜주는

네가 있어, 가능했어

'고마워'

내가 무너지는 순간에,

네가 있어 다행이었어.

수많은 비난 속에서,

내게 건네던 너의 응원은,

내게 한줄기 빛으로 다가왔어.

여기까지 오기까지,

내 곁을 지켜주는

네가 있어, 가능했어.

'고마워'

아무말 없이 널 바라보며,

우리의 추억들을 돌이켜봤어.

늘 나를 먼저 생각해주려 하는 너의 장점도,

장난치며 아이처럼 찡긋하며 웃는 너의 습관도,

너의 모든 순간을 간직하고 싶더라.

내가, 정말 너를 사랑하고 있구나.

나를 바라보는 너의 시선에,

내 눈에 네 눈을 맞추며, 따뜻하게 안아주는 너.

그래, 사랑을 주는게 이런거였구나.

편안히 눈을 감고 있는 널 보며,
우리의 추억들을 돌이켜봤어.

내 장점들이 점차 너의 장점이 되어가고,
내 습관들이 점차 너의 습관이 되어가고,
내 표정들이 점차 네게서 보여지더라.
너라는 사람은, 정말 나를 사랑하는구나.

내 시선을 느꼈는지 눈을 뜨고는,
내 눈에 네 눈을 맞추며, 배시시 웃음을 짓는 너.
그래, 사랑을 받는다는건 이런거였구나.

애써 말을 꺼내지 않아도,

마음이 편안해지는 사이.

애써 감정을 감추지 않아도,

마음을 알아주는 사이.

그저 편안함이 아닌 안락함을,

그저 익숙함이 아닌 소중함을.

너를 바라보고 있는 것만으로도

많은 위로와, 또 많은 사랑이 느껴져.

서로 눈만 마주쳐도,

원하는 걸 알아채는 사이.

굳이 말로 꺼내지 않아도,

감정이 전달되는 사이.

그저 가벼운 감정이 아닌 깊이있음을,

그저 지금이 아닌 서로의 앞으로를.

너와 함께 하는 것만으로도

많은 온기와, 또 많은 사랑이 느껴져.

우리가 서로를 몰랐기에,
부딪히는 부분조차도,
이해해보려 노력했었어.

그런 시간이 있었기에,
누구보다도 너를 알게 되었고,
시간들은 헛되지 않았어.

그때의 너도 사랑했지만,
지금 내가 알고 있는 너를,
훨씬 더 깊이있게 사랑해.

우리가 서로를 몰랐기에,
엇갈리는 부분들은,
어쩌면 당연하다고 생각했어.

그 엇갈림이 있었기에,
누구보다도 너를 알게 되었으니,
얼마나 값진 엇갈림들이야.

그때의 풋풋했던 우리도,
조금은 성숙해진 우리도,
서로 사랑함은 변치 않으니.

성격이나 말투까지도

나와 비슷한 점이 좋았어.

서로를 알아보지 못했다면,

내내 후회했을지도.

세월을 함께 보내다,

다른 점을 발견하게 된다면,

안아주자, 우리.

생각이나 행동까지도

나와 비슷한 점이 놀라웠어.

서로 빠져들지 않았다면,

그게 더 이상했을지도.

세월을 함께 보내다,

다른 점을 발견하게 된다면,

맞춰나가자, 함께.

내게 위로가 되어주고 싶다며,

나의 이야기를 귀 기울여주는 너.

내게 웃음을 주고 싶다며,

어색하지만 장난스러운 표정을 지어보이는 너.

연인보다 동반자가 되어주려는 네 덕분에,

그 기대감에 나를 오늘도 앞으로,

한걸음 힘차게 내딛어.

내게 힘이 되어주고 싶다며,
네 어깨를 힘껏 내어주는 너.

내게 도움이 되어주고 싶다며,
궂은 일을 마다하지 않는 너.

연인보다 동반자가 되어주려는 네 덕분에,
그 든든함에 나는 오늘도 앞으로,
발걸음을 힘차게 내딛어.

우연히 너를 알게 되었고,

네가 괜찮은 사람이라는 걸

어느 누구보다도 알게 되어서,

내게 너만큼은, 그저 그렇게

스쳐가는 인연이 아니였으면 좋겠어.

이대로 내 곁에서,

내가 네게 전부가 되고,

네가 내게 전부가 되고,

이대로 너와 함께 하고 싶어.

우연히 너를 알게 되었고,

네가 내게 필요한 사람이라는 걸

어느 누구보다도 알게 되어서,

내게 너만큼은, 그저 그렇게

스쳐가는 인연이 아니였으면 좋겠어.

이대로 내 옆에서,

내가 너의 손이 되어주고,

네가 나의 발이 되어주며,

이대로 너와 함께 하고 싶어.

우리의
모든 순간을
사랑해

1판 1쇄 2023년 1월 20일

저자 몽글/잼글
발행인 이경화

발행처 디자인21
주소 04560 서울특별시 중구 퇴계로 293-1(쌍림동 원진프라자 3층)
전화 02-2269-6561(대)
팩스 02-2269-6568
e-mail 21publish@naver.com

등록번호 제1-1128호
등록일자 1991. 2. 12

ISBN 978-89-6131-106-9 03810

정가 15,000원

http://21publish.co.kr/
https://blog.naver.com/publish21